1 Busca los números 1–15 y escríbelos en el orden correcto. *Look for the numbers 1–15 and write them in the correct order.*

1 = _____   2 = _____

3 = _____   4 = _____

5 = _____   6 = _____

7 = _____   8 = _____

9 = _____   10 = _____

11 = _____   12 = _____

13 = _____   14 = _____

15 = _____

n	c						
u	i	p	q	x	z	u	
e	n	u	u	s	e	a	k
v	c	u	i	d	i	t	s
e	o	e	n	d	d	r	e
l	t	t	c	o	o	o	i
e	t	r	e	s	c	w	s
w	m	e	j	h	e	u	g
k	n	c	o	n	c	e	b
g	x	e	y	f	f	u	t

2 Escribe una frase para cada persona. *Write a sentence for each person.*

NOMBRE
Raúl
EDAD
14 años

NOMBRE
Maite
EDAD
6 años

NOMBRE
Juan
EDAD
15 años

NOMBRE
María
EDAD
10 años

NOMBRE
Ricardo
EDAD
13 años

1 ¡Hola! Me llamo Raúl. Tengo catorce años. _____

2 _____

3 _____

4 _____

5 _____

3 ¿Y tú? ¿Cómo te llamas? ¿Cuántos años tienes?

_____

¡Mira! © Pearson Education Limited 2008

3 ¡Feliz cumpleaños! pages 10–11

1 Busca y escribe las frases.
Look for the sentences and write them.

1 Mi cumpleaños es el catorce de mayo.

2 _____

3 _____

4 _____

5 _____

4 micumpleañoseselveintiunodeagosto

5 ¿cuándoestucumpleaños?

1 micumpleañoseselcatorcedemayo

2 micumpleañoseseltreintayunodeenero

3 micumpleañoseseldieciséisdejulio

2 Lee el sondeo y escribe una frase para cada persona.
Read the survey and write a sentence for each person.

NOMBRE	EDAD	CUMPLEAÑOS
Miguel	13	18/10
Rosita	20	5/12
Manuela	29	23/7
Gregorio	15	30/11
Ana	7	16/1
Tú	?	?

Make your sentences more interesting by joining them together:

y = and.

Miguel: Tengo trece años y mi cumpleaños es el dieciocho de octubre.

Rosita : _____

Manuela : _____

Gregorio: _____

Ana : _____

Tú : _____

¡Mira!

Alyson Mellin

1

Cuaderno B

Heinemann

1 ¡Hola! pages 6–7

1 **Completa las frases.** *Complete the sentences.*

1  ¡Hola! Me llamo Elena. ¿Cómo te ___llamas___?

2  ¡Hola! Me _____ Daniel.

3  ¡Hola! ___ llamo Pablo.

4  ¡_____! Me llamo David.

5  Vivo en Málaga. ¿Y tú? ¿_____ vives?

6  Vivo en _____.

7  ___ en Valencia.

8  Vivo ___ Zaragoza.

¡Adiós!

9  ¡_____ luego!

10  ¡Buenas _____!

| Madrid | Me | Dónde | ~~llamas~~ | Hasta | Vivo |
| | noches | en | llamo | Hola | |

2 **Lee el email. Contesta las preguntas de Rosa.** *Read the email and answer Rosa's questions.*

¡Hola! ¿Qué tal? Me llamo Rosa. Vivo en Barcelona. ¿Y tú? ¿Cómo te llamas? ¿Dónde vives?

Escríbeme pronto.

¡Hasta luego!

Rosa

_____

_____

_____

_____

_____

_____

1 **Descifra y escribe las palabras.** *Work out the anagrams and write out the words.*

afoblofgr	obril	zláip	moga	edroemon	eethscu
csapunsaat	laihmco	lióvm	naadeg	grlae	aaaluoccrdl

1 bolígrafo

2 _____

3 _____

4 _____

5 _____

6 _____

7 _____

8 _____

9 _____

10 _____

11 _____

12 _____

2 **¡Rompecabezas!**
Completa la Gramática.
Complete the Gramática.

Gramática

In Spanish, all nouns are either masculine or_____.

_____ nouns usually end in **–o**.

Feminine nouns usually end in _____.

Four masculine words on this page which do not end in **–o**
are _____, _____, _____ and _____.

3 **¿Qué tienes en tu mochila?**
Completa las frases. *What do you have in your bag? Complete the sentences.*

1 ¿Tienes un bolígrafo? Sí, tengo un bolígrafo.

2 ¿Tienes un lápiz? No, _____ tengo un lápiz.

3 ¿Tienes un _____? No, no _____ un sacapuntas.

4 ¿Tienes _____ _____? Sí, _____ una _____.

5 ¿_____ una _____? _____, tengo _____ _____.

¡Mira! © Pearson Education Limited 2008

1 Busca las dos partes de la palabra y escribe la palabra apropiada. Escribe **el, la, los, las.** *Look for both parts of the word and write it under the correct picture.*

~~proy~~	pue	vent	orde
sil	ladores	las	pro
fesora	rta	piz	ana
	arra	ros	equi
po de música		rotu	lib
	nador	~~ector~~	

1 <u>el proyector</u>

2 _____

3 _____

4 _____

5 _____

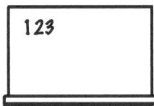

6 _____

7 _____

8 _____

9 _____

10 _____

Gramática

To make a word plural, if the word ends in a **vowel** add **–s**, if it ends in a **consonant** add **–es**. If it ends in **–z**, change the **z to c** and add **–es**.

2 Escribe la forma correcta en plural. *Write in the correct word in plural.*

1 una mesa   dos <u>mesas</u>

2 un cuaderno   tres _____

3 un lápiz   cuatro _____

4 el profesor   los _____

5 la profesora   las _____

6 la ventana   las _____

7 el móvil   los _____

8 el alumno   los _____

3 Lee el email de Juan. Escribe una lista en inglés de lo que hay en su clase. *Read Juan's email and write a list in English of what there is in his classroom.*

En mi clase hay una profesora y treinta alumnos. Hay treinta y dos sillas y quince mesas. Hay una puerta y cuatro ventanas. Hay un proyector pero no hay un ordenador. En la mesa de la profesora hay tres rotuladores y dos gomas. También hay un equipo de música. Adiós.

1 teacher

_____

_____

_____

_____

_____

Prepárate 1 page 16

1 **Completa el crucigrama.** *Complete the crossword.*

1 [_ e _ _ _]
  [q]
2 [u _ _ _ _ _ _]
3 [i _ _ _ _]
4 [p _ _ _ _ _ _ _]
5 [o]
6 [_ _ _ o _ _]
7 [_ _ d _ _]
8 [m _ _ _]
  [ú]
9 [s _ _ _ _ _]
10 [_ _ i _]
11 [_ _ c _ _]
12 [_ _ a _ _ _]

2 **Completa las sumas.** *Complete the sums.*

1 treinta y uno – once = _veinte_

2 quince + diez = _____

3 uno + trece = _____

4 _____ – once = diecinueve

5 catorce + _____ = veintiséis

6 cinco – tres = _____

7 veinte + nueve = _____

8 siete + quince + seis = _____

3 **Busca las 4 preguntas. Cópialas y contéstalas.**
Look for the 4 questions. Copy them out and answer them.

> Don't forget to punctuate your work correctly, use capital letters where necessary and put in your ¿ and ?

cómotellamascuántosañostienesdóndevivesquétal

1 _____

_____

2 _____

_____

3 _____

_____

4 _____

_____

Prepárate 2 page 16

1 Escribe una pregunta y una respuesta para cada dibujo.

Write a question and answer for each picture.

¡Buenos días! ¿Cómo _____ _____?

¡Hola! _____ _____ Pedro Patines. ¿Y tú?

1

_____ Avril.

¿_____ _____, Pedro?

2

¡_____!

Fenomenal. ¿Y tú?

13

¿12, 13, 14?

3

_____. ¿Y tú?

¿_____ _____ tienes?

_____ doce _____.

4

¿_____ _____ ?

_____ cumpleaños _____ _____ _____ _____ _____.

¡_____ _____, Pedro!

5

¡_____!

2 Cambia los detalles e inventa una conversación.

Change the details and invent your own conversation. Can you add anything else?

_____

_____

_____

_____

_____

Saludos / Greetings

Saludos	**Greetings**
¡Hola!	*Hello!*
¡Buenos días!	*Good morning!*
¡Buenas tardes!	*Good afternoon!*
¡Buenas noches!	*Good evening!*
¡Adiós!	*Goodbye!*
¡Hasta luego!	*See you later!*

Tú y yo / You and me

Tú y yo	**You and me**
¿Cómo te llamas?	*What are you called?*
Me llamo Juan.	*I'm called Juan.*
¿Dónde vives?	*Where do you live?*
Vivo en Madrid.	*I live in Madrid.*
¿Qué tal?	*How are you?*
¿Cómo estás?	*How are you?*
Bien, gracias.	*Fine, thanks.*
fenomenal	*great*
regular	*not bad*
fatal	*awful*
¿Y tú?	*And you?*
¿Cuántos años tienes?	*How old are you?*
Tengo 13 años.	*I'm 13 years old.*
¿Cuándo es tu cumpleaños?	*When is your birthday?*
Mi cumpleaños es el uno de enero.	*My birthday is 1st January.*
¡Feliz cumpleaños!	*Happy birthday!*

Los números / Numbers

Los números	**Numbers**
cero	*0*
uno	*1*
dos	*2*
tres	*3*
cuatro	*4*
cinco	*5*
seis	*6*
siete	*7*
ocho	*8*
nueve	*9*
diez	*10*
once	*11*
doce	*12*
trece	*13*
catorce	*14*
quince	*15*
dieciséis	*16*
diecisiete	*17*
dieciocho	*18*
diecinueve	*19*
veinte	*20*
veintiuno	*21*
veintidós	*22*
veintitrés	*23*
veinticuatro	*24*
veinticinco	*25*
veintiséis	*26*
veintisiete	*27*
veintiocho	*28*
veintinueve	*29*
treinta	*30*
treinta y uno	*31*

Los meses / The months

Los meses	**The months**
enero	*January*
febrero	*February*
marzo	*March*
abril	*April*
mayo	*May*
junio	*June*
julio	*July*
agosto	*August*
septiembre	*September*
octubre	*October*
noviembre	*November*
diciembre	*December*
¿Cuál es la fecha hoy?	*What date is it today?*
Es el uno de agosto.	*It's 1st August.*
Es el dos de mayo.	*It's 2nd May.*

¡Mira! © Pearson Education Limited 2008

En mi mochila	*In my schoolbag*
un bolígrafo/boli	*a pen*
un cuaderno	*an exercise book*
un libro	*a textbook*
un monedero	*a purse*
un diccionario	*a dictionary*
un lápiz	*a pencil*
un estuche	*a pencil case*
un móvil	*a mobile phone*
un sacapuntas	*a pencil sharpener*
una agenda	*a diary*
una calculadora	*a calculator*
una goma	*a rubber*
una mochila	*a schoolbag*
una regla	*a ruler*

En clase	*In the classroom*
¿Cómo se escribe … ?	*How do you spell … ?*
Se escribe …	*You spell it …*
Tengo …	*I have …*
No tengo …	*I don't have …*
¿No tienes … ?	*Don't you have … ?*
Necesito …	*I need …*
¿Qué hay en la clase?	*What is there in the classroom?*
Hay …	*There is/are …*
No hay …	*There isn't/There aren't …*
el alumno	*the pupil (male)*
el profesor	*the teacher (male)*
el equipo de música	*the stereo*
el ordenador	*the computer*
el proyector	*the overhead projector*
la profesora	*the teacher (female)*
la pizarra	*the board*
la puerta	*the door*
la ventana	*the window*
los libros	*the books*
los rotuladores	*the felt-tip pens*
las mesas	*the tables*
las sillas	*the chairs*

Hay unos alumnos.	*There are some pupils.*
Hay unas sillas.	*There are some chairs.*
No hay rotuladores.	*There are no felt-tip pens.*

Palabras muy útiles	*Very useful words*
sí	*yes*
no	*no*
y	*and*
pero	*but*
también	*also*
tengo	*I have*
necesito	*I need*
hay	*there is/are*

Estrategia

Here are five simple steps to help you learn any word:

1 LOOK Look carefully at the word for 10 seconds or more.

2 SAY Practise saying the word to yourself – remember that some letters are pronounced differently in Spanish.

3 COVER Cover up the word, but only when you think you know it.

4 WRITE Write the word out from memory.

5 CHECK Did you write it correctly? If not, what did you get wrong? Repeat the five steps until you get it right – and try not to make the same mistake again.

¡Progreso!

1 Record your levels for Module 1.

2 Set your targets for Module 2.

Skill	Level at end of Module 1	Target level for Module 2
Listening		
Speaking		
Reading		
Writing		

3 Fill in what you need to do to help you achieve these targets. For information about the level you are aiming for in each skill, see pages 61–62. Do you have a personal target that spans across all four skills, e.g. improving your understanding and use of verbs? If so, you can write it in next to the personal target below.

Listening	
Speaking	
Reading	
Writing	
Personal target	

1 ¿Qué estudias? pages 24–25

1 Descifra y escribe las palabras.
Work out the anagrams and write out the words.

1 ~~aátmetsacim~~ matemáticas	**2** úimacs _____	
3 érnafsc _____	**4** losepña _____	
5 scceinai _____	**6** otaert _____	
7 áatcifromni _____	**8** fggíoaear _____	
9 dccueóian íacsfi _____	**10** joidbu _____	
11 nlóiregi _____	**12** osthraii _____	

2 ¿Cuál es su día perfecto? Escribe lunes, o martes, o...
Which is their perfect day of the week? Write Monday, or Tuesday, or...

	lunes	martes	miércoles	jueves	viernes
8.30	inglés	francés	historia	informática	matemáticas
9.30	geografía	informática	teatro	geografía	ciencias
10.30	español	educación física	inglés	educación física	inglés
Recreo					
11.00	música	matemáticas	educación física	ciencias	español
12.00	teatro	inglés	francés	matemáticas	religión
1.00	religión	tecnología	ciencias	tecnología	historia

¿Mi día perfecto? Ah, sí… estudio inglés, educación física, historia, francés, teatro y ciencias.

_____

Bueno, mi día perfecto… Estudio ciencias, tecnología, matemáticas, informática, educación física y geografía.

_____

Estudio música, teatro, español, inglés, religión y geografía. Es mi día perfecto.

_____

2 ¿Qué haces en clase? pages 26–27

1 **Empareja las dos partes de la frase.** *Match up the two parts of the sentences.*

Como   por teléfono

Escucho   mi libro

No leo   chicle

Hablo   música

Escribo   en el libro

> Careful! What is the difference between **mi libro** and **en el libro**?

2 **¡Rompecabezas!** Escribe las palabras en la lista correcta.

> ## Gramática
>
> | | hablar (to speak) | comer (to eat) | escribir (to write) |
> |---|---|---|---|
> | I | habl**o** | com**o** | escrib**o** |
> | you | habl**as** | com**es** | escrib**es** |
> | he/she | habl**a** | com**e** | escrib**e** |

English	infinitivo	I	you	he/she/it
to study	estudiar	estudio		estudia
	escuchar		escuchas	
	vivir			vive
to read		leo		lee

3 **Lee y escribe la versión de Tomasina.**

Tomás and Tomasina are twins. Tomás is a good pupil but Tomasina is always in trouble. Read what Tomás tells his mum about his behaviour and then use it to help you write Tomasina's version. Remember that she does the opposite to her brother.

> *En el colegio soy muy buen alumno. En clase de música escucho a la profesora. En clase de ciencias no como chicle. En clase de inglés leo mucho. En clase de dibujo escribo en mi libro y no hablo con mis amigos.*

> En el colegio no soy muy
> buena alumna. En clase de
> música no
> _____
> _____
> _____
> _____

> Remember that to make a sentence negative you put **no** in front of the verb.

¡Mira! © Pearson Education Limited 2008

3 Los profesores pages 28–29

1 **Descifra y escribe las frases.** *Work out the numbers and write out the sentences.*

> a = 1, b = 2, c = 3, etc.

a 5 12, 17 19 16 6 5 20 16 19, 4 5, 3 9 5 14 3 9 1 20, 5 20, 13 22 26, 1 14 21 9 17 í 21 9 3 16.

b 12 1, 17 19 16 6 5 20 16 19 1, 4 5, 13 1 21 5 13 í 21 9 3 1 20, 5 20, 2 1 20 21 1 14 21 5, 1 2 22 19 19 9 4 1.

c 5 12, 17 19 16 6 5 20 16 19, 4 5 , 6 19 1 14 3 5́ 20, 5 20, 22 14, 17 16 3 16, 4 9 23 5 19 21 9 4 16.

d 12 1, 17 19 16 6 5 20 16 19 1, 4 5, 13 22́ 20 9 3 1, 5 20, 13 22 26, 20 9 13 17 í 21 9 3 1.

a El profesor de _____

b _____

c _____

d _____

2 **Añade los acentos que faltan.** *Add the missing accents. The number at the end tells you how many there should be.*

1 El profesor de musica es simpatico. (2)

2 La profesora de educacion fisica es antipatica. (3)

3 El profesor de geografia es divertido. (1)

4 La profesora de historia es simpatica. (1)

> Remember that in Spanish the stress normally falls on the last but one syllable of the word. If it moves then you have to put an accent on the part you stress.

3 **¿Cómo son tus profesores? Escribe 5 frases para describir a tus profesores.**

1 Mi profesor(a) de inglés es _____.

2 Mi profesor(a) de tecnología _____.

3 Mi profesor(a) de _____.

4 Mi _____.

5 _____.

> Don't forget that you can make your work more interesting by using **qualifiers**.
>
> *un poco* = a little
>
> *bastante* = quite
>
> *muy* = very

1 ¡Rompecabezas!

Read the texts below. Use your thinking skills and reading strategies to help you work out the meaning of new words.

¿Te gusta chatear? Las asignaturas… ¿Cuál es tu opinión?

You can often work out or guess the meaning of new words:
- from the context (what the text is about)
- from cognates (words in English which look the same or are related)
- by using logic
- sometimes, reading a new Spanish word aloud can help you understand what it means!

1 *El deporte es aburrido, no me gusta la educación física y no me gusta nada el dibujo. Y tú, ¿qué te gusta? Miguel*

2 *No me gusta nada el francés, es muy aburrido y no me gusta la historia. Me gustan mucho el español y la educación física, especialmente el fútbol. Ana*

3 *Me gusta mucho la geografía pero no me gustan nada las ciencias, son difíciles. Detesto la tecnología, no me gusta nada porque es muy aburrida. Pilar*

1 Where do you think you would find texts like these? _____

2 What makes you think this? _____

3 What do you think these words mean in English? Give a reason in each case.

   a detesto _____   **b** especialmente _____

   c el fútbol _____   **d** el deporte _____

4 Who hates technology? _____

5 What sport does Ana really like? _____

6 Who's not keen on sport? _____

Discuss with a friend which strategies you used to work each one out.

2 Completa la Gramática.

Gramática

Adjectives have m_____ and f_____ forms, and s_____ and p_____ forms. Many adjectives end in **–o** (for m_____ words) and **–__** (for feminine words).

Some adjectives end in a vowel and some end in a consonant.

To make adjectives plural: if it ends in a vowel add **–__**.

If it ends in a _____ add **–es**.

5 ¿Qué comes? pages 32–33

1 Descifra y escribe las palabras. Empareja las frases con los dibujos.

Work out the anagrams and write out the words. Match up the sentences and the pictures.

1 Como un **nolpáat** _plátano_ `c`

2 Bebo una **aadlmoin** _____

3 Como un **ldilobcao**. _____

4 Como una **ziapz** y
bebo **gaau rlmniea**. _____

5 Bebo una **cCao-aolC**
y como unas **saaaptt rsfait**. _____

6 Bebo un **muzo** de **jnraana**. _____

7 Como una **ugsaehmabru**. _____

2 ¿Verdadero ✓ o falso ✗?

Mateo	✓			✓					
Roberto		✓	✓						
Pili					✓	✓			
Carmen							✓	✓	✓
Miguel		✓				✓	✓		

1 En el recreo Pili come una pizza y bebe una Coca-Cola. ☐

2 A Carmen le gusta la fruta, come un plátano y una manzana y bebe un
zumo de naranja. ☐

3 En el recreo Roberto bebe una Coca-Cola y come una pizza. ☐

4 Mateo no come en el recreo. ☐

5 Miguel come un plátano y una pizza y bebe una limonada. ☐

3 Corrige las frases falsas.

1 _____

2 _____

3 _____

4 ¿Y tú? ¿Qué comes y bebes en el recreo?

_____

> Remember to use the correct verb ending to talk about yourself!

1 Mira los dibujos y completa las frases con una palabra o frase apropiada.

a

b

c

d $E = Mc^2$

$2+2=4$

e ☺

a Mi profesor de ciencias es _____.

b En el recreo _____ unas _____.

c En clase de español _____ a mi profesora y _____ mucho.

d Estudio inglés y _____.

e Me gusta _____ porque es _____.

2 Descifra las palabras y copia la descripción.

> ¡Hola! Me **stagu** mi instituto. Estudio inglés, **asctmmtáeia**, español, **ndóicaeuc caífis**, ciencias, francés, tecnología, historia y **faggoería**. No me gustan las ciencias porque son **rrisadbau**. El **sofrpore** de inglés es **tnaseireent** y divertido. Me gusta la profesora de informática **oeqrpu** es **asmptáiic**. En clase de **casmúi** escribo y **hcoseuc** al profesor. En el **eercor** como unas **satapat tisafr** y bebo una **aadmlion**.

¡Hola! Me gusta mi instituto. _____

_____

_____

_____

1 Empareja las dos partes de la entrevista.

1 ¿Qué asignaturas estudias los lunes? [f]

2 ¿Qué haces en clase de historia? [ ]

3 ¿Cómo es tu profesora de ciencias? [ ]

4 ¿Qué asignaturas te gustan? [ ]

5 ¿Por qué? [ ]

6 ¿Qué asignaturas no te gustan? [ ]

7 ¿Por qué no te gustan? [ ]

8 ¿Qué comes y bebes en el recreo? [ ]

a Me gusta el francés.

b En el recreo como un bocadillo y bebo una Coca-Cola.

c Porque es interesante y divertido.

d Leo, escucho a mi profesor y escribo mucho.

e Porque son difíciles y no son interesantes.

f Estudio matemáticas, inglés, tecnología y español.

g No me gustan las matemáticas.

h Es simpática pero también es un poco severa.

2 Copia y mejora el texto.
Copy and improve the text.

> To make a piece of writing more interesting, use:
> 1 *Connectives* – **y** (and), **pero** (but), **porque** (because)
> 2 *Qualifiers* – **un poco** (a little), **bastante** (quite), **muy** (very), **mucho** (a lot)

Me gusta el inglés. Me gusta el español. No me gustan las matemáticas. Las matemáticas son difíciles. El profesor de historia es interesante. La profesora de religión es aburrida. No me gustan las ciencias. Son aburridas.

Ejemplo: Me gusta mucho el inglés y el español, pero...

3 Contesta 3 preguntas del ejercicio 1.
Answer any 3 questions from exercise 1. Use qualifiers and connectives.

Las asignaturas	School subjects
¿Qué estudias?	What do you study?
Estudio …	I study …
Estudia …	He/She studies …
No estudia …	He/She doesn't study …
el dibujo	art
la educación física	PE
el español	Spanish
el francés	French
el inglés	English
el teatro	drama
la historia	history
la informática	ICT
la música	music
la religión	RE
la geografía	geography
la tecnología	technology
las ciencias	science
las matemáticas	maths

Los días de la semana	The days of the week
lunes	Monday
martes	Tuesday
miércoles	Wednesday
jueves	Thursday
viernes	Friday
sábado	Saturday
domingo	Sunday
los lunes	every Monday

¿Qué haces en inglés?	What do you do in English?
En inglés escucho, hablo, leo y escribo.	In English I listen, speak, read and write.
Escucho música.	I listen to music.
Hablo con mis amigos.	I speak with my friends.
Hablo por teléfono.	I speak on the phone.
No leo.	I don't read.
Escribo mucho.	I write a lot.
No como.	I don't eat.
Como chicle.	I chew gum. (I eat chewing gum.)
escuchar	to listen
hablar	to speak
comer	to eat
leer	to read
escribir	to write
vivir	to live

¿Cómo es tu profesor?	What's your teacher like?
El profesor de … es …	The … teacher (male) is …
aburrido	boring
antipático	unpleasant
divertido	amusing
severo	strict
simpático	nice, kind
La profesora de … es …	The … teacher (female) is …
aburrida	boring
antipática	unpleasant
divertida	amusing
severa	strict
simpática	nice, kind

Opiniones	*Opinions*
¿Te gusta el español?	*Do you like Spanish?*
Me gusta el español.	*I like Spanish.*
Me gusta la geografía.	*I like geography.*
Me gusta mucho la historia.	*I really like history.*
No me gusta el inglés.	*I don't like English.*
No me gusta nada la educación física.	*I don't like PE at all.*
¿Te gustan las ciencias?	*Do you like science?*
Me gustan las ciencias.	*I like science.*
bueno/buena	*good*
difícil	*difficult*
fácil	*easy*
importante	*important*
interesante	*interesting*
útil	*useful*
Me gusta la informática porque es fácil.	*I like ICT because it's easy.*
Me gustan las ciencias porque son útiles.	*I like science because it's useful.*

¿Qué comes?	*Snacks*
¿Qué comes en el recreo?	*What do you eat at lunch break?*
Como …	*I eat …*
Come …	*He/She eats …*
un bocadillo	*a sandwich*
un plátano	*a banana*
una hamburguesa	*a hamburger*
una manzana	*an apple*
una pizza	*a pizza*
unas patatas fritas	*some crisps*
¿Qué bebes?	*What do you drink?*
Bebo …	*I drink …*
Bebe …	*He/She drinks …*
agua mineral	*a mineral water*
un zumo de naranja	*an orange juice*
una limonada	*a lemonade*
una Coca-Cola	*a Coca-Cola*

Palabras muy útiles	*Very useful words*
un poco	*a bit*
bastante	*quite*
muy	*very*
me gusta	*I like*
no me gusta	*I don't like*

Estrategia

Working with cognates

A **cognate** is a word that is spelt the same way in English and Spanish. A **near–cognate** is spelt almost the same.

- In Chapter 2 there are a lot of near cognates. Can you find five on this page? Do they all mean exactly the same as the English?

Words like these will make learning easier. Just remember that their spelling and pronunciation are slightly different from the English words.

- Study the five words you spotted for 10 seconds each. Then shut the book.

- Try to write the words correctly, remembering any spelling differences.

- Now try to say the words correctly, pronouncing the letters in the Spanish way.

¡Progreso!

1 Record your levels for Module 2.

2 Set your targets for Module 3.

Skill	Level at end of Module 2	Target level for Module 3
Listening		
Speaking		
Reading		
Writing		

3 Fill in what you need to do to help you achieve these targets. For information about the level you are aiming for in each skill, see pages 61–62. Do you have a personal target that spans across all four skills, e.g. improving your understanding and use of verbs? If so, you can write it in next to the personal target below.

Listening	_____ _____
Speaking	_____ _____
Reading	_____ _____
Writing	_____ _____
Personal target	_____ _____

1 ¿Tienes hermanos? pages 42–43

1 Encuentra y escribe las frases.

1 Tengounhermanoyunahermana.

2 Notengohermanos.Soyhijoúnico.

3 MihermanosellamaEnriqueytienedoceaños.

4 MishermanassellamanPiliyMónica.

a _____

b _____

c _____

d _____

2 ¿Verdadero ✓ o falso ✗?

Javier	✓				
Lara				✓	
Ángel			✓		
Marco					✓
Mateo		✓			
Juana	✓				

1 Ángel no tiene hermanos. Es hijo único. ✗

2 Juana tiene dos hermanas y un hermano. ☐

3 Lara tiene tres hermanas. ☐

4 Ángel tiene una hermana y tres hermanos. ☐

5 Mateo no tiene hermanos. Es hijo único. ☐

6 Javier tiene una hermana y un hermano. ☐

3 ¿Y tú? ¿Tienes hermanos? ¿Cómo se llaman y cuántos años tienen? Escribe 2 o 3 frases.

_____

_____

_____

_____

Gramática

	llamarse (to be called)	tener (to have)
I	me llamo	tengo
he/she	se llama	tiene
they	se llaman	tienen

2 En mi familia pages 44–45

1 Descifra los números.

1 20 5 21 5 14 21 1,26,4 16 20   = _setenta y dos_____   = _72___

2 3 9 14 3 22 5 14 21 1,26,3 9 14 3 16 = _____ = _____

3 16 3 8 5 14 21 1,26,21 19 5 20   = _____ = _____

4 20 5 21 5 14 21 1,26,20 5 9 20   = _____ = _____

5 3 22 1 19 5 14 21 1,26,22 14 16   = _____ = _____

2 Escribe las frases en el orden correcto.

1 padre llama Enrique Mi se. _____

2 tiene madre años Mi cincuenta. _____

3 abuelos y Carlos llaman Mis se Juana. _____

4 años tienen doce hermanas y Mis catorce. _____

5 tío llama llama se se Mi tía y Pedro Anita mi. _____

6 cinco En hay familia mi personas. _____

3 Escribe 3 frases sobre la familia de Alicia.

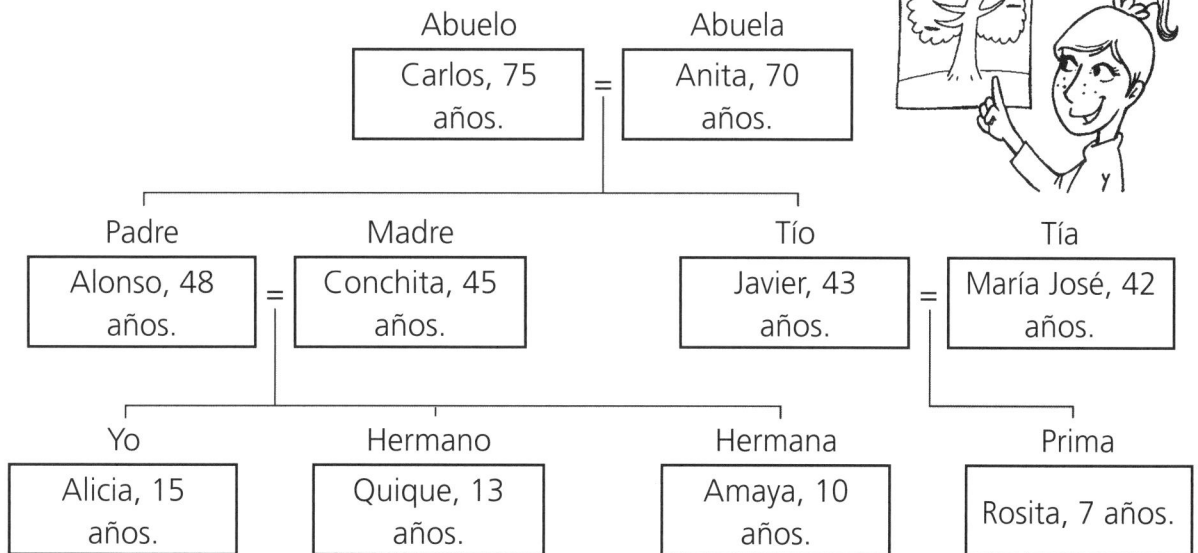

Abuelo
| Carlos, 75 años. |

=

Abuela
| Anita, 70 años. |

Padre
| Alonso, 48 años. |

=

Madre
| Conchita, 45 años. |

Tío
| Javier, 43 años. |

=

Tía
| María José, 42 años. |

Yo
| Alicia, 15 años. |

Hermano
| Quique, 13 años. |

Hermana
| Amaya, 10 años. |

Prima
| Rosita, 7 años. |

Ejemplo: _Mi padre se llama Alonso y tiene_

48 años.

| For 1 person | For more than 1 person |
| mi | mis |

_____

_____

¡Mira! © Pearson Education Limited 2008

1 Descifra los animales. Escribe un o una.

1 oprer = _____

2 ótrna = _____

3 alocbla = _____

4 oaárpj = _____

5 atugort = _____

6 ntrespiee = _____

7 njoceo = _____

8 ezp = _____

2 Lee los textos. ¿Quién es? Empareja los textos con las frases.

b

No tengo muchos animales.
Sólo tengo un perro grande y
marrón y un pájaro pequeño.

Amaya

a

En casa tengo muchos animales.
Tengo un caballo grande y una
tortuga pequeña. Mi gato es bonito
y negro y se llama Pepito. También
tengo dos cobayas, una es negra y
la otra es blanca y amarilla.

Javier

c

Me gustan los animales. Tengo muchos.
Tengo una serpiente azul y diez peces;
cinco son verdes y cinco son naranjas.
Tengo un conejo gris y un gato blanco y
feo. Se llama Quiqui y tiene dos años.

Ana

1 Tiene muchos peces. [c]

2 No tiene un gato bonito. ☐

3 Su pájaro es pequeño. ☐

4 Tiene cinco peces verdes. ☐

5 Tiene un gato negro. ☐

6 Su caballo no es pequeño. ☐

7 Tiene un perro grande y marrón. ☐

8 Tiene un gato, se llama Quiqui. ☐

3 ¿Y tú? ¿Tienes un animal? ¿Cómo es? Escribe 2 o 3 frases.

_____

_____

_____

4 ¿Cómo eres? pages 48–49

1 Empareja el español y el inglés.

Join up the Spanish and the English. Use blue to join up the masculine words, red for the feminine words and green if you can't tell.

delgada

inteligente

bajo

thin

good looking

alta

fat

perezoso

shy

tímido

lazy

tall

gorda

guapo

intelligent

short

2 Mira la foto. ¿Verdadero ✓ o falso ✗?

yo

1 Mi madre es alta y delgada. ☐

2 Mi padre es perezoso. ☐

3 Soy bastante gorda y muy fea. ☐

4 Mi hermano habla mucho. ☐

5 Mi abuela es muy alta y gorda. ☐

6 Mi hermana no es tímida. ☐

7 Mi abuelo es inteligente pero es severo. ☐

8 Mi padre es bajo. ☐

> Don't forget to use *qualifiers* – **muy**, **bastante**, **un poco**
>
> And *connectives* – **y**, **pero**
>
> Try to make a 12 word sentence!

3 ¡Rompecabezas! Describe a tu familia. Escribe 3 frases.

_____

_____

_____

5 Tengo los ojos azules pages 50–51

1 Empareja las dos partes de la frase. Copia y escribe el adjetivo correcto.

1 Tengo el pelo
2 Tengo los ojos
3 Tengo el pelo
4 Tengo los ojos
5 Tengo los ojos
6 Tengo el pelo
7 Tengo el pelo
8 Tengo la barba

pelirroj• y lis•
larg• y rubi•
azul•
rizad•
marron•
cort• y blanc•
negr•
verd•

1 _____ 2 _____

3 _____ 4 _____

5 _____ 6 _____

7 _____ 8 _____

2 Lee los textos. ¿Quién es?

Thierry Henry, David Beckham, Johnny Depp, Rachel (from Friends), Mónica (from Friends), Gwen Steffani

1
Es alto y delgado. Tiene el pelo corto y negro. Es negro y es guapo. Le gusta mucho el fútbol. _____

2
Es muy delgado y no es bajo. A veces tiene el pelo largo y a veces tiene el pelo corto. Tiene el pelo marrón. También, a veces tiene gafas. Es actor y es guapo.
_____

3
Es muy delgada y bastante baja. Tiene el pelo rubio, largo y liso. Es simpática y divertida. Le gusta beber café con sus amigos. _____

3 Describe otras dos personas del ejercicio 2.
Describe two other people from exercise 2.

A veces = sometimes

_____
_____
_____
_____

_____
_____
_____
_____

1 **Busca las palabras. Hay 5 animales, 5 colores, 5 adjetivos y 5 miembros de la familia.**

x	g	o	r	d	o	l	e	u	b	a
c	m	t	l	o	k	j	t	y	p	b
r	a	p	u	c	h	w	o	e	h	r
i	d	b	z	n	v	e	r	d	e	u
z	r	g	a	a	n	r	t	w	r	b
a	e	l	z	l	o	e	u	s	m	i
d	t	x	q	b	l	q	g	p	a	o
o	c	o	n	e	j	o	a	r	n	m
a	m	a	r	i	l	l	o	z	o	i
y	p	í	d	e	l	g	a	d	o	r
c	e	t	n	e	i	p	r	e	s	p

Animales

Perro

Familia

Colores

Adjetivos

alto

2 **Lee y contesta las preguntas de Roberto.**

gemelos = twins

¡Hola! Aquí está mi familia. Mi padre se llama Francisco y tiene 45 años. Mi madre se llama Mónica y tiene 43 años. Tengo un hermano y una hermana. Son gemelos y tienen 14 años. Se llaman David y Laura. Tengo un perro grande y negro que se llama Mus. ¿Y tú? ¿Cómo se llaman tus padres? ¿Tienes hermanos? ¿Tienes animales?

¡Hasta luego!

Roberto

¡Hola, Roberto!

1 Mira los dibujos y completa las frases.

1 Tengo _____ _____ _____ y negro. Soy alta.

2 _____ _____ y delgado. Tengo _____ _____ rubio.

3 Mi madre _____ _____ _____ azules y es _____.

4 Mi hermano es _____ y _____. Tiene el pelo _____.

5 Mis hermanas son guapas. Tienen _____ _____ verdes y el pelo _____, rubio y _____.

2 Busca la cita ideal para cada persona. *Find the perfect date for each person!*

1 ¡Hola! Soy alta y delgada. Me gustan mucho los animales, tengo un perro y tres gatos. No hablo mucho. ☐

2 Soy bastante baja y tengo el pelo largo, negro y corto. Me gustan los animales pero tengo alergia a los gatos. ☐

3 Hablo mucho y tengo el pelo rubio y rizado. Tengo una familia grande. ☐

4 Soy hija única. Vivo con mi madre. Me gustan los chicos que no tienen pelo y que son interesantes. ☐

5 Soy alta y delgada. Tengo el pelo azul y los ojos rosas. Tengo dos serpientes, se llaman Víbora y Veneno. ☐

A *Tengo muchos hermanos y me gustan las familias grandes. Soy divertido y me gusta hablar por teléfono con mis amigos.*

B *No me gustan las familias grandes. No tengo pelo y no soy aburrido.*

C *Soy un chico alto. Tengo un perro y un gato. Soy bastante tímido.*

D *Me gustan mucho las chicas diferentes e interesantes. Mi animal preferido es la serpiente.*

E *No tengo animales. Prefiero las chicas con el pelo negro. Soy bastante bajo.*

¡Mira! © *Pearson Education Limited 2008*

Mis hermanos	**My brothers and sisters**
¿Tienes hermanos?	Do you have any brothers or sisters?
tener	to have
Tengo …	I have …
Tiene …	He/She has …
un hermano	one brother
una hermana	one sister
dos hermanos	two brothers
tres hermanas	three sisters
No tengo hermanos.	I don't have any brothers or sisters.
Soy hijo único.	I'm an only child. (male)
Soy hija única.	I'm an only child. (female)
¿Cómo se llama tu hermano?	What's your brother called?
¿Cómo se llama tu hermana?	What's your sister called?
Mi hermano se llama …	My brother is called …
Mi hermana se llama …	My sister is called …
¿Cómo se llaman tus hermanos?	What are your brothers (and sisters) called?
¿Cómo se llaman tus hermanas?	What are your sisters called?
Mis hermanos se llaman …	My brothers (and sisters) are called …
Mis hermanas se llaman …	My sisters are called …
su hermano	his/her brother
sus hermanos	his/her brothers (and sisters)
su hermana	his/her sister
sus hermanas	his/her sisters
¿Cuántos años tiene tu hermano?	How old is your brother?
Tiene nueve años.	He's nine years old.

En mi familia	**In my family**
¿Cuántas personas hay en tu familia?	How many people are there in your family?
En mi familia hay tres personas.	In my family there are three people.
mi madre	my mother
mi padre	my father
mi abuelo	my grandfather
mi abuela	my grandmother
mi tío	my uncle
mi tía	my aunt
mi primo	my cousin (male)
mi prima	my cousin (female)

Los números 30–100	**Numbers 30–100**
treinta	30
cuarenta	40
cincuenta	50
sesenta	60
setenta	70
ochenta	80
noventa	90
cien	100
treinta y uno	31
cuarenta y dos	42
cincuenta y tres	53
sesenta y cuatro	64
setenta y cinco	75
ochenta y siete	87
noventa y nueve	99

Los animales	**Pets**
¿Tienes animales?	Do you have any pets?
Tengo …	I have …
un caballo	a horse
una cobaya	a guinea pig
un conejo	a rabbit
un gato	a cat
un hámster	a hamster
un pájaro	a bird
un perro	a dog
un pez	a fish
un ratón	a mouse
una serpiente	a snake
una tortuga	a tortoise
dos conejos	two rabbits
tres peces	three fish
No tengo animales.	I don't have any pets.

Los colores	Colours
amarillo/amarilla	yellow
blanco/blanca	white
negro/negra	black
rojo/roja	red
azul	blue
gris	grey
marrón	brown
naranja	orange
rosa	pink
verde	green
El perro es blanco.	The dog is white.
La serpiente es amarilla.	The snake is yellow.

¿Cómo es?	What's he/she/it like?
bonito/bonita	cute, pretty
feo/fea	ugly
pequeño/pequeña	small
grande	big
El perro es pequeño.	The dog is small.
La serpiente es bonita.	The snake is pretty.
Los peces son grandes.	The fish are big.
Las tortugas son feas.	The tortoises are ugly.

¿Cómo eres?	What are you like?
ser	to be
Soy …	I'm …
Eres …	You're …
Es …	He's/She's …
un chico	a boy
una chica	a girl
alto/alta	tall
bajo/baja	short
delgado/delgada	thin
gordo/gorda	fat
guapo/guapa	good-looking
feo/fea	ugly
aburrido/aburrida	boring
antipático/antipática	unpleasant
divertido/divertida	amusing
severo/severa	strict
simpático/simpática	nice, kind
perezoso/perezosa	lazy
tímido/tímida	shy
inteligente	intelligent

Mis ojos y mi pelo	My eyes and my hair
¿De qué color son tus ojos?	What colour are your eyes?
Tengo los ojos …	I have … eyes.
azules	blue
grises	grey
marrones	brown
verdes	green
¿Cómo es tu pelo?	What's your hair like?
Tengo el pelo …	I have … hair.
blanco	white
castaño	brown
gris	grey
negro	black
pelirrojo	red/ginger
rubio	blond
liso	straight
largo	long
corto	short
rizado	curly
ondulado	wavy
Tengo barba.	I have a beard.
Tengo bigote.	I have a moustache.
Tengo gafas.	I have glasses.

Estrategia

Words that you see everywhere!
In every language, there are some words that you will see and hear again and again in different situations. Because of this, they are called **high-frequency** words. The good news is that you can learn them once and then use them again and again, too!

Have another look at Chapter 3. Can you find two or three sentences containing each of the words below?

- tengo
- y
- no
- muy

¡Mira! © Pearson Education Limited 2008

¡Progreso!

1 Record your levels for Module 3.

2 Set your targets for Module 4.

Skill	Level at end of Module 3	Target level for Module 4
Listening		
Speaking		
Reading		
Writing		

3 Fill in what you need to do to help you achieve these targets. For information about the level you are aiming for in each skill, see pages 61–62. Do you have a personal target that spans across all four skills, e.g. improving your understanding and use of verbs? If so, you can write it in next to the personal target below.

Listening	
Speaking	
Reading	
Writing	
Personal target	

¡Mira! © Pearson Education Limited 2008

1 Vivimos en Europa pages 60–61

1 Descifra el país.

1 Vivo en París, la capital de **nFiarca**. _Francia_

2 Vivo en Southampton, en el sur de **gtrlalenra**. _____

3 Vivo en **ñaEpsa**. _____

4 Vivo en Nueva York, en **slo sEtdoas sdUnoi**. _____

5 Vivo en Edimburgo, la capital de **aicEsoc**. _____

6 Vivo en Roma, la capital de **aatlil**. _____

7 Me llamo Carys y vivo en **laGse**. _____

8 Vivo en Atenas, la capital de **arGeic**. _____

2 Empareja las dos partes de la frase y escríbela en español.

vive	vivimos	~~vivo~~	vives	vivís	viven	vive

en los Estados Unidos   en Francia   en España
en Alemania   en Escocia   ~~en Gales~~   en Inglaterra

1 I live in Wales. _Vivo en Gales._

2 You (singular) live in Spain. _____

3 He lives in Germany. _____

4 She lives in Scotland. _____

5 We live in England. _____

6 You (plural) live in France. _____

7 They live in America. _____

Gramática
-ir verb endings
(I) -o
(you) -es
(he/she) -e
(we) -imos
(you plural) -ís
(they) -en

3 ¡Rompecabezas! Escoge la palabra correcta de la lista. *Choose the correct word to complete the sentence. Think carefully, there is only one correct answer.*

vivo	vives	vive	~~vivimos~~	vivís	viven

1 Mi padre y yo _vivimos_ en Inglaterra.

2 Mi hermano _____ en Gales.

3 Me llamo Raúl y _____ en España.

4 Chuck y Brittney _____ en los Estados Unidos.

5 ¡Hola Monique! ¿Dónde _____?

6 ¡Hola Costas y Vangelis! ¿Dónde _____?

2 ¿Cómo es tu casa? pages 62–63

1 Empareja las frases con los lugares en el mapa.

1 Vivo en una casa. Está en las montañas en el Norte de España. [c]

2 Mi piso está en la ciudad. Mi ciudad es la capital de España. [ ]

3 Vivo en una casa. Mi casa está en el campo. [ ]

4 Mi piso es grande. Está en una ciudad en la costa. [ ]

5 Vivo en una casa vieja. Está en un pueblo en la montaña en el Sur de España. [ ]

d La Rioja   **c** Jaca

a Madrid

e Mulhacén   **b** Alicante

Norte

Oeste   Este

Sur

2 Lee los textos y contesta a las preguntas.

> le gusta = he/she likes

1 ¡Hola! Me llamo Mariví. Vivo en una casa. Mi casa está en el campo. Me gusta mi casa porque es muy antigua y bonita, pero no es muy cómoda. Es bastante pequeña.

2 *Vivo en Marbella, en un piso. Mi piso está en la costa. Mi piso es muy moderno pero es bastante feo. No es muy grande. Víctor*

3 Vivo con mi madre y mis dos hermanas. Vivimos en un piso bastante grande. Está en la ciudad. Es un piso muy viejo, no es muy moderno. Me gusta porque es muy cómodo. Amaya

> Try and use the question to help you write your answer and aim to use a proper sentence, not just one word. Read the questions below. Find and underline the verb in each one, then use this to help you answer.

1 ¿Mariví <u>vive</u> en una casa o en un piso?   *Vive en una casa.*

2 ¿Dónde está el piso de Víctor?   _____

3 ¿Es moderno el piso de Amaya?   _____

4 ¿Cómo es el piso de Víctor?   _____

5 ¿Le gusta a Amaya su piso? ¿Por qué?   _____

6 ¿Es grande la casa de Mariví?   _____

3 ¿Y tú? ¿Vives en una casa o un piso? ¿Dónde está? ¿Cómo es?

_____

_____

¡Mira! © Pearson Education Limited 2008

3 Las habitaciones pages 64–65

1 Completa las palabras con a,e,i,í,o,ó,u. *All the words are part of a house.*

1 m drmtr

3 n crt d bñ

5 l drmtr d ms pdrs

7 n cmdr

9 n trrz

11 n jrdn

2 _n_ c_c_n_

4 _n p_s_ll_

6 _n s_l_n

8 _n _s___

10 _n g_r_j_

2 Lee y completa la carta.

cocina	estudiamos	garaje	comedor	casa grande
dormitorios	cuarto de baño	hermano	escuchamos	terraza
leen	salón	vemos	comemos	jardín

¡Hola! Vivo en una _____. Arriba hay tres _____, uno

para mis padres, uno para mi _____ y mi dormitorio. También

hay un _____. Abajo hay un _____ grande,

un _____ pequeño y una _____ grande.

_____ la tele y _____ en el comedor y mis

padres _____ en su dormitorio. Mi hermano y yo

_____ música y _____ en nuestros dormitorios. Fuera

hay un _____ y un _____ pero no

hay _____.

3 ¿Y tú? ¿Cómo es tu casa? Describe tu casa y lo que haces allí. *Describe your house and what you do there.*

_____

_____

_____

_____

_____

1 Descifra y escribe las palabras.

Mi **¹motrdoirio** es bastante grande. En mi dormitorio hay dos **²masca**. Entre las camas hay una **³sema** y una **⁴aslli**. Encima de la mesa hay una **⁵stertíanea**. En la estantería está mi **⁶ouqpei ed aúmsic**. Al lado de la **⁷tarpeu** hay un **⁸maraior**. Debajo de la mesa está mi **⁹rdrdoenao**. A la izquierda de la ventana están mis **¹⁰órpstse** de David Beckham.

1 <u>dormitorio</u>   2 _____   3 _____   4 _____   5 _____

6 _____   7 _____   8 _____   9 _____   10 _____

2 Escribe 7 frases. ¿Puedes ayudar a Paquita Perfecta? *Paquita Perfecta's brother has turned her room upside down, looking for her diary! She can't find anything. Can you help her?*

| encima de | detrás de | delante de | a la derecha de |
| a la izquierda de | | al lado de | entre |

Gramática

de + el = del

de + la = de la

de + los = de los

1 (ordenador – armario) <u>El ordenador está encima del armario.</u>

2 (pez – gatos) _____

3 (estantería – ventana) _____

4 (armario – puerta) _____

5 (mesa – puerta) _____

6 (serpiente – equipo de música) _____

7 (ventana – cama) _____

¡Mira! © Pearson Education Limited 2008

5 ¿Qué haces? pages 68–69

1 Lee y pon el símbolo correcto [✓ o ✗] para Teo.

	📱	🎵	🥤	😴	📺	💻	📖	💸	📕	🥪
Teo										
Ana	✓	✓	✗	✓	✓	✗	✗	✓	✓	✗

Mi dormitorio es muy pequeño, por eso no me gusta mucho. En mi dormitorio no hay televisión, así que no veo la tele. Los fines de semana hablo por teléfono con mis amigos pero no mando mensajes, prefiero hablar porque es más fácil. El equipo de música está en el comedor entonces no escucho música en mi dormitorio pero a veces leo libros, estudio y juego con el ordenador. También, a menudo bebo en mi dormitorio pero como bocadillos en la cocina. Y claro, siempre duermo en mi dormitorio.

> Here are some new *connectives*:
>
> **por eso** = therefore
>
> **así que** = so, therefore
>
> **entonces** = so
>
> **siempre** = always
>
> **a menudo** = often
>
> **los fines de semana** = at the weekends
>
> **a veces** = sometimes

2 Imagina que eres Ana. ¿Qué haces y no haces en tu dormitorio? *Imagine you are Ana. What do you do or not do in your bedroom? Write a paragraph.*

_____

_____

_____

_____

_____

_____

3 ¿Y tú? ¿Qué haces en tu dormitorio? Escribe un párrafo. *Try to include at least 3 of the new connectives above!*

_____

_____

_____

_____

_____

_____

Prepárate 1 page 70

1 Lee y contesta a las preguntas.

> Dónde vivo.
>
> Me llamo Paco y vivo en Lima, la capital de Perú. Lima es una ciudad grande en la costa. Vivo con mis padres y mis dos hermanas en una casa bastante grande y moderna.
>
> Abajo está la cocina. En la cocina comemos y hablamos. No hay comedor. También hay un salón. En el salón vemos la tele y leemos. Hay un aseo pequeño abajo también.
>
> Arriba hay cuatro dormitorios. También hay un cuarto de baño bastante grande.
>
> Me gusta mi dormitorio. Es pequeño pero es cómodo. Mi cama está debajo de la ventana. Encima de la mesa está mi equipo de música y a la derecha de la mesa hay una estantería pequeña con mis libros.
>
> En mi dormitorio escucho música, estudio y hablo con mis amigos por teléfono, y por supuesto, duermo.

a Look at the title and scan the text quickly for words you recognise. What do you think the email is about? _____

b **Imagina que eres Paco. Contesta a las preguntas.** Answer using complete sentences.

1 ¿Dónde vives? _____

2 ¿Vives en una casa o en un piso? _____

3 ¿Cómo es? _____

4 ¿Dónde está? _____

5 ¿Qué hay abajo, en tu casa? _____

_____

6 ¿Qué hay arriba, en tu casa? _____

_____

7 ¿Describe tu dormitorio? _____

_____

8 ¿Te gusta tu dormitorio? _____

_____

9 ¿Qué haces en tu dormitorio? _____

_____

Prepárate 2 page 70

1 Completa el cuadro con la palabra correcta.

	hablar (to talk)	_____ (to drink)	ver (to watch)	jugar (to play)	_____ (to read)	_____ (to sleep)	_____ (to live)
I		bebo		juego			vivo
you singular	hablas				lees	duermes	
he/she							
we		bebemos	vemos		leemos		vivimos
you plural	habláis			jugáis	leéis	dormís	
they		beben	ven				

vivir	beber	juegas	hablo	bebéis	habla	leer	ves	juegan
veo	jugamos	vives	duermo	ve	leo	vivís	bebes	duermen
bebe	veis	viven	lee	duerme	hablan	juega	leen	vive
		dormir	dormimos	hablamos				

2 Completa la frase para cada dibujo.

> **escuchar** = to listen to
>
> It is an **-ar** verb and so has the same endings as **hablar**.

1 ✓ (I)   Vivo en una casa.

2 ✗ (we)   No vemos la tele.

3 ✓ (they)   _____

4 ✗ (you, sing.) _____

5 ✓ (she)   _____

6 ✗ (you, pl.) _____

7 ✓ (I)   _____

8 ✗ (he)   _____

Los países / Countries

Los países	Countries
¿Dónde vives?	*Where do you live?*
vivir	*to live*
Vivo en …	*I live in …*
Vive en …	*He/She lives in …*
Vivimos en …	*We live in …*
Viven en …	*They live in …*
Alemania	*Germany*
Escocia	*Scotland*
España	*Spain*
Francia	*France*
Gales	*Wales*
Grecia	*Greece*
Inglaterra	*England*
Irlanda	*Ireland*
Italia	*Italy*
Portugal	*Portugal*

Mi casa / My house

Mi casa	My house
¿Vives en una casa o en un piso?	*Do you live in a house or a flat?*
Vivo en una casa.	*I live in a house.*
Vivo en un piso.	*I live in a flat.*
¿Dónde está?	*Where is it?*
Está …	*It's …*
en el campo	*in the countryside*
en la montaña	*in the mountains*
en la costa	*on the coast*
en una cuidad	*in a city*
en un pueblo	*in a village*
¿Cómo es tu piso?	*What's your flat like?*
Es …	*It's …*
antiguo	*old(-fashioned)*
moderno	*modern*
bonito	*pretty*
feo	*ugly*
nuevo	*new*
viejo	*old*
pequeño	*small*
cómodo	*comfortable*
grande	*big*

¿Cómo es tu casa?	*What's your house like?*
Es …	*It's …*
antigua	*old(-fashioned)*
moderna	*modern*
bonita	*pretty*
fea	*ugly*
nueva	*new*
vieja	*old*
pequeña	*small*
cómoda	*comfortable*
grande	*big*

Las habitaciones / Rooms

Las habitaciones	Rooms
¿Qué hay en tu casa/piso?	*What is there in your house/flat?*
¿Qué hay abajo?	*What is there downstairs?*
¿Qué hay arriba?	*What is there upstairs?*
¿Qué hay fuera?	*What is there outside?*
Hay …	*There's …*
un comedor	*a dining room*
un cuarto de baño	*a bathroom*
un aseo	*a toilet*
un pasillo	*a corridor*
un salón	*a living room*
una cocina	*a kitchen*
un dormitorio	*a bedroom*
un garaje	*a garage*
un jardín	*a garden*
una terraza	*a terrace*
el dormitorio de mis padres	*my parents' bedroom*
el dormitorio de mi hermano	*my brother's bedroom*

En mi casa

Comemos en el comedor.
Escuchamos música en el dormitorio.
Estudiamos.
Hablamos con mamá en la cocina.
Leemos libros en el jardín.
Vemos la televisión en el salón.

In my house

We eat in the dining room.
We listen to music in the bedroom.
We study.
We talk to mum in the kitchen.
We read books in the garden.
We watch television in the living room.

Mi dormitorio

En mi dormitorio hay …
   un armario
   un equipo de música
   un ordenador
   una alfombra
   una cama
   una estantería
   una lámpara
   una mesa
   una puerta
   una silla
   una televisión
   una ventana
   pósters

My bedroom

In my bedroom there's …
   a wardrobe
   a hi-fi

   a computer
   a rug
   a bed
   a shelf/shelves
   a lamp
   a table
   a door
   a chair
   a television
   a window
   posters

Las preposiciones

encima de
a la derecha de
a la izquierda de
debajo de
delante de
al lado de
detrás de
entre
a la derecha del armario
al lado de la cama
en las paredes

Prepositions

on
to the right of
to the left of
under
in front of
beside
behind
between
to the right of the wardrobe
beside the bed
on the walls

En mi dormitorio

¿Qué haces en tu dormitorio?
Mando mensajes.
Escucho música.
Bebo Coca-Cola.
Duermo mucho.
Veo la televisión.
Juego con el ordenador.
Estudio a veces.
Hablo por teléfono.
Leo libros.
Como bocadillos.
Navego por internet.

In my bedroom

What do you do in your bedroom?
I send text messages.
I listen to music.
I drink Coca-Cola.
I sleep a lot.
I watch television.
I play on the computer.
I study sometimes.
I talk on the phone.
I read books.
I eat sandwiches.
I surf the net.

Palabras muy útiles

siempre
a veces
normalmente
somos

Very useful words

always
sometimes
normally
we are

Estrategia

Spot the stems!
Spanish verbs can seem very complicated, because they have a lot of different endings. You'll find them easier to learn if you can recognise the first part of the verb, which usually stays the same. For example, **vivo**, **vives**, **vive**, **vivimos** all start with **viv-**. This is called the **stem** of the verb.

Here are some other stems from Chapter 4. Which verbs do they belong to?

- est-
- habl-
- com-

¡Mira! © Pearson Education Limited 2008

¡Progreso!

1 Record your levels for Module 4.

2 Set your targets for Module 5.

Skill	Level at end of Module 4	Target level for Module 5
Listening		
Speaking		
Reading		
Writing		

3 Fill in what you need to do to help you achieve these targets. For information about the level you are aiming for in each skill, see pages 61–62. Do you have a personal target that spans across all four skills, e.g. improving your understanding and use of verbs? If so, you can write it in next to the personal target below.

Listening	
Speaking	
Reading	
Writing	
Personal target	

¡Mira! © Pearson Education Limited 2008

1 Mi tiempo libre pages 78–79

1 ¿Quién habla? Lee los textos y mira los dibujos. Escribe el nombre correcto.

Lara

Miguel

Cati

Alberto

a En mi tiempo libre veo la tele y navego por internet. También, los sábados escucho música y voy a la piscina. No hago mis deberes.

b Los fines de semana voy a la piscina y salgo con mis amigos. A veces monto en bicicleta y escucho música. También hago esquí.

c Los sábados voy al cine y voy de compras con mis amigos. En casa veo la televisión y escucho música. No navego por internet.

d Dos veces por semana monto en bicicleta y voy a la piscina. El fin de semana hago los deberes y juego con el ordenador. Los sábados salgo con mis amigos.

a _____ b _____ c _____ d _____

2 ¿Y tú? ¿Qué haces en tu tiempo libre? Escribe 3 o 4 frases.

Make your writing more interesting by saying when or how often you do something.

_____

_____

_____

_____

2 ¿Qué hora es? pages 80–81

1 **Copia las horas en el orden correcto y dibuja la hora en los relojes.** *Copy the times in the correct order (earliest to latest) and draw the times on the clocks.*

a Son las diez y veinticinco   **b** Son las dos y media

c Es la una y cuarto   **d** Son las nueve y cinco

e Son las once menos veinte   **f** Son las doce menos cuarto

g Son las seis menos diez   **h** Son las siete y veinte

> y media = *half past*
> y cuarto = *quarter past*
> menos (diez) = *(ten) to*

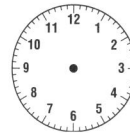

1 Es la una y cuarto   **2** ___   **3** ___   **4** ___

5 ___   **6** ___   **7** ___   **8** Son las doce menos cuarto

2 **Lee y corrige el error en cada frase.**

Los lunes y los jueves voy a la piscina a las cinco y media. Una vez por semana voy de compras con mi madre y mi hermana. Vamos a las cuatro y cuarto. Dos o tres veces por semana, a las diez menos veinte navego por internet. Y claro, veo la tele todos los días a las siete y cuarto – mi programa preferido es Gran Hermano.

Natalia

Voy al cine con mis amigos los sábados a las ocho y cuarto. Durante la semana veo la televisión todos los días a las siete menos diez, veo el fútbol. Me encanta. Siempre salgo con mis amigos los fines de semana a las dos y media. Vamos de compras y vamos a la piscina a las cinco menos cuarto. Por la tarde, a eso de las nueve y veinte, navego por internet o escucho música hasta las once y luego duermo.

Raúl

1 Natalia va a la piscina a las ~~seis~~ cinco y media.

2 Raúl va al cine con sus amigos a las siete menos cuarto.

3 Natalia va de compras a las cuatro y cuarto todos los días.

4 Raúl ve el fútbol en la tele a las once menos diez.

5 Natalia navega por internet a las dos y veinticinco dos o tres veces por semana.

6 Raúl va a la piscina con sus amigos a las dos y media.

1 **Copia el texto de Daniela Distraída y corrige sus errores.** *Daniela is so busy doing sports that she always forgets where she should be. Copy Daniela Distraída's text and correct her mistakes.*

Lun	5:00 patinaje	
	7:00 baloncesto	
Mar	4:30 natación	6:00 tenis
	7:15 patinaje	
Miér	5:30 patinaje	7:15 baloncesto
	9:30 ciclismo	
Jue	8:00 esquí	9:00 patinaje

Vier	4:00 hockey	6:30 patinaje
Sáb	11:15 patinaje	1:45 tenis
	2:00 baloncesto	
Dom	12:00 equitación	
	3:30 patinaje	

Soy muy deportista. Juego al baloncesto todos los días. Hago patinaje cuatro veces por semana. Los miércoles y los domingos juego al tenis. Juego al hockey dos veces por semana. También, los miércoles a las nueve hago ciclismo. Hago equitación los sábados a las once. También hago natación tres veces por semana y hago esquí los fines de semana.

2 **Busca una vacación para cada persona. Lee los anuncios y escribe el número correcto en el cuadro.** *Find a holiday for each person. Read the adverts and write the correct number in the box.*

❶ Deportes de invierno en Canadá.
Todos los días: escuela de esquí y patinaje. Piscina cubierta, restaurante y bar.

❷ ¿Quieres una vacación relajante?
Hotel de lujo, con piscina climatizada y canchas de tenis.

❸ ¿Quieres ser deportista profesional?
Aprende de los mejores futbolistas y jugadores de baloncesto.

Enrique ☐   *Paco* ☐   *Sofía* ☐

3 ¡Rompecabezas! *Underline these words in the advert*

Football players, indoor (covered) pool, heated pool, tennis courts.

1 Lee la entrevista y contesta a las preguntas.

Leo entrevista a Toni y Merche del programa Gran Hermano.

Leo

Toni   No soy muy deportista pero me gusta jugar al baloncesto con mis amigos en el jardín. También, me gusta hacer natación porque es muy sano. Los fines de semana me gusta ir de compras pero esto no es muy barato. Me encanta ver la televisión pero prefiero escuchar música porque es divertido. Mi pasión es mi ordenador. Me gusta mandar mensajes y navegar por internet.

Leo

Merche   Sí, soy muy deportista. No me gusta nada ver la televisión porque es muy aburrido. Todos los días me gusta hacer ciclismo o atletismo porque es fácil. Me encanta hacer esquí en invierno y prefiero hacer patinaje – es muy divertido.

Leo

Toni   No, no me gusta mucho. Prefiero ver los deportes en la tele, es mucho más fácil.

1   Who prefers a less active life style? _____

2   Who likes winter sports? _____

3   How often does Merche go cycling and why? _____

4   For Toni, what is the problem about going shopping? _____

5   What does Toni prefer to watch on TV? _____

6   What two sports does Toni do? _____

7   What does Toni feel passionate about? _____

2 ¿Y tú? ¿Qué te gusta hacer los fines de semana? ¿Por qué? Escribe un párrafo.

_____

_____

1 Lee la carta. ¿Verdadero [✓] o falso [✗]?

¡Hola! ¿Qué tal?

Este fin de semana vamos a ir de vacaciones. Voy a ir con mi familia a la casa de mis abuelos. Está en la montaña y es bastante grande y antigua. Voy a hacer esquí todos los días con mi hermano y mi padre. A mi madre le gusta ir de compras, así que ella y mi hermana van a ir de compras con mi abuela el lunes. Por la tarde vamos a hacer patinaje. No voy a jugar al fútbol pero el miércoles a las siete y media vamos a hacer natación en la piscina. No hay cine en el pueblo así que vamos a ver un DVD en la televisión. ¿Y tú? ¿Qué vas a hacer en las vacaciones?

Hasta pronto. Un abrazo,   Marco

1 Marco va a ir de vacaciones en el verano. ☐

2 Va a ir a la costa. ☐

3 Marco y su familia van a ir a la casa de sus abuelos. ☐

4 Van a hacer esquí dos o tres veces a la semana. ☐

5 Tres personas van a ir de compras. ☐

6 Van a hacer patinaje. ☐

7 Marco va a jugar al fútbol el miércoles. ☐

8 La familia va a ver la televisión. ☐

2 ¡Rompecabezas!

Look at these two complex sentences:

1 Mañana a las dos de la tarde voy a jugar al fútbol porque me gusta mucho.

2 El lunes, a las seis de la tarde voy a hacer natación porque es divertido.

There are 5 parts to each sentence:

1 a time phrase   2 a part of the verb ir (to go) + a
3 an infinitive   4 an activity   5 a reason why

Gramática

Remember that to say what you are going to do you use a part of the verb **ir (to go) + a + an infinitive**

ir	to go
voy	I go
vas	you go (sing.)
va	he/she goes
vamos	we go
vais	you go (pl.)
van	they go

a In the two complex sentences underline the **time phrase** in red, the **part of ir + a** in blue, the **infinitive** in orange, the **activity** in green, and the **reason why** in purple.

b Now use your own ideas. Create two complex sentences, with 5 parts in each of them.

_____

_____

_____

_____

1 Mira los dibujos y escribe qué va a hacer Lucía mañana.

Use the boxes below to help you. Remember to use connectives and time phrases.

luego = then
después = afterwards
primero = first of all
por fin = finally

1 Mañana, a las diez de la mañana voy a ir a la piscina y voy a hacer natación.

2 _____

_____

3

4 _____

_____

5 _____

_____

6 _____

_____

2 ¿Y tú? ¿Qué vas a hacer este fin de semana? Escribe un párrafo. *Use as many connectives and time ions as you can. Give an opinion and a reason.*

_____

_____

_____

_____

¡Mira! © Pearson Education Limited 2008

1 ¡Rompecabezas! Lee y completa el texto.

¡Hola! Me preguntas lo que hago en mi _____ libre. Bueno… normalmente durante la semana hago mucho deporte, por ejemplo los _____ juego al _____ en el colegio y después, a las cinco y _____ voy a la piscina para mi clase de _____. Una _____ por semana _____ patinaje y dos _____ por semana hago _____ en el estadio. Los jueves, a las siete _____ veinte mis _____ y yo vamos al parque y _____ al fútbol. Los fines de _____ me gusta _____ el deporte en la televisión y también me _____ escuchar música. Pero prefiero jugar con mi _____ porque es muy _____.

divertido	menos	tiempo	baloncesto	cuarto	amigos
hago	veces	natación	encanta	atletismo	ver
ordenador	lunes	vez	jugamos	semana	

2 ¡Rompecabezas! Lee el artículo y contesta a las preguntas.

¡Señores y señoras! ¿Tienen un chico o una chica siempre en casa? ¿Es perezoso? ¿Ve la televisión todos los días? ¿No hace deporte? El cuarenta y cinco por ciento de los padres dicen que Sí.

- ¿Pasatiempo favorito? El setenta y dos por ciento de los chicos prefieren jugar con su ordenador.

- ¿Pasatiempo menos favorito? Sólo el cinco por ciento de los chicos prefieren hacer equitación.

- ¿Hacen deporte con frecuencia? El veinte por ciento de los chicos hacen deporte tres veces por semana.

- ¿Problemas físicos? El cuarenta y siete por ciento de los chicos dicen que Sí.

¿La solución?
Ven a nuestro Club de Actividades e intenta nuevos deportes: baloncesto, kárate, fútbol… los martes y los jueves a las siete de la tarde.

1 Who do you think this article is aimed at? _____

2 What percentage of parents are worried that their children are not active enough? _____

3 What do 72% of young people prefer? _____

4 How many young people prefer horse riding? _____

5 What problems do 47% of young people face? _____

6 What solution does the article suggest? _____

En mi tiempo libre / *In my free time*

¿Qué haces en tu tiempo libre?	*What do you do in your free time?*
Voy al cine.	*I go to the cinema.*
Voy a la piscina.	*I go to the swimming pool.*
Voy de compras.	*I go shopping.*
Salgo con mis amigos.	*I go out with my friends.*
Hago mis deberes.	*I do my homework.*
Monto en bicicleta.	*I ride my bike.*
Escucho música.	*I listen to music.*
Veo la televisión.	*I watch television.*
Navego por internet.	*I surf the net.*
Juego con mi ordenador.	*I play with my computer.*

¿Con qué frecuencia? / *How often?*

todos los días	*every day*
los lunes	*on Mondays*
una vez por semana	*once a week*
dos veces a la semana	*twice a week*
los fines de semana	*at weekends*
nunca	*never*

Los deportes / *Sports*

¿Qué deportes haces?	*What sports do you do?*
Hago atletismo.	*I do athletics.*
Hago ciclismo.	*I do/go cycling.*
Hago equitación.	*I do/go riding.*
Hago esquí.	*I do/go skiing.*
Hago natación.	*I do/go swimming.*
Hago patinaje.	*I do/go skating.*
Juego al baloncesto.	*I play basketball.*
Juego al fútbol.	*I play football.*
Juego al hockey.	*I play hockey.*
Juego al tenis.	*I play tennis.*
Juego al voleibol.	*I play volleyball.*
No hago deporte.	*I don't do any sports.*

¿A qué hora … ? / *At what time … ?*

¿Qué hora es?	*What time is it?*
Es la una.	*It's one o'clock.*
Son las dos.	*It's two o'clock.*
Es la una y cinco.	*It's five past one.*
Son las dos y diez.	*It's ten past two.*
Son las tres y cuarto.	*It's quarter past three.*
Son las cuatro y veinte.	*It's twenty past four.*
Son las cinco y veinticinco.	*It's twenty-five past five.*
Son las seis y media.	*It's half past six.*
Son las siete menos veinticinco.	*It's twenty-five to seven.*
Son las ocho menos veinte.	*It's twenty to eight.*
Son las nueve menos cuarto.	*It's quarter to nine.*
Son las diez menos diez.	*It's ten to ten.*
Son las once menos cinco.	*It's five to eleven.*
Son las doce.	*It's midday/midnight.*
de la mañana	*in the morning*
de la tarde	*in the afternoon*
de la noche	*in the evening*
¿A qué hora comes?	*At what time do you eat?*
¿A qué hora vas al cine?	*At what time do you go to the cinema?*
¿A qué hora escuchas música?	*At what time do you listen to music?*
¿A qué hora sales con tus amigos?	*At what time do you go out with your friends?*
¿A qué hora vas de compras?	*At what time do you go shopping?*
¿A qué hora navegas por internet?	*At what time do you surf the net?*
¿A qué hora ves la televisión?	*At what time do you watch TV?*
A las dos.	*At two o'clock.*

¡Mira! © Pearson Education Limited 2008

¿Qué te gusta hacer?	*What do you like doing?*
¿Qué te gusta hacer en tu tiempo libre?	*What do you like doing in your free time?*
¿Qué no te gusta hacer?	*What don't you like doing?*
Me gusta …	*I like …*
Me gusta mucho …	*I really like …*
No me gusta …	*I don't like …*
No me gusta nada …	*I don't like … at all*
Me encanta …	*I love …*
Prefiero …	*I prefer …*
jugar al fútbol	*playing football*
hacer atletismo	*doing athletics*
navegar por internet	*surfing the internet*
ir al cine	*going to the cinema*
salir con mis amigos	*going out with my friends*
ver la televisión	*watching television*
hacer mis deberes	*doing my homework*
escuchar música	*listening to music*
ir de compras	*going shopping*
hacer natación	*going swimming*
¿Por qué?	*Why?*
Porque es …	*Because it's …*
aburrido	*boring*
barato	*cheap*
bueno	*good*
caro	*expensive*
divertido	*amusing*
fácil	*easy*
interesante	*interesting*
sano	*healthy*

¿Qué vas a hacer mañana?	*What are you going to do tomorrow?*
¿Qué vas a hacer?	*What are you going to do?*
Voy a jugar al tenis.	*I'm going to play tennis.*
Va a escuchar música.	*He/She's going to listen to music.*
Vamos a ir de compras.	*We're going to go shopping.*
Vais a hacer natación.	*You're going to go swimming. (pl)*
Van a ver la televisión.	*They're going to watch television.*
mañana	*tomorrow*
la semana que viene	*next week*
este fin de semana	*this weekend*
en las vacaciones	*in the holidays*

Palabras muy útiles	*Very useful words*
sobre todo	*above all*

Estrategia

Verbs that you see everywhere!
You can use the verb **tener** in lots of different situations:

Tengo una serpiente.
Tengo dos hermanas.
Tengo doce años.

Tener is what we call a **high-frequency** verb. Learning verbs like this will help you to say a lot more in Spanish!

There are other very useful verbs in Chapter 5. Try to find four different ways of finishing these sentences:

- Voy …
- Hago …
- Juego …
- Es …

¡Progreso!

1 Record your levels for Module 5.

2 Set your targets for Module 6.

Skill	Level at end of Module 5	Target level for Module 6
Listening		
Speaking		
Reading		
Writing		

3 Fill in what you need to do to help you achieve these targets. For information about the level you are aiming for in each skill, see pages 61–62. Do you have a personal target that spans across all four skills, e.g. improving your understanding and use of verbs? If so, you can write it in next to the personal target below.

Listening

Speaking

Reading

Writing

Personal target

¡Mira! © Pearson Education Limited 2008

1 ¿Cómo es tu ciudad? pages 96–97

1 Mira el mapa y los símbolos.
Lee las frases. ¿Verdadero (✓)
o falso (✗)?

= ciudad		= tranquilo	
= pueblo		= feo	
= turístico		= importante	
= grande		= histórico	
= bonito		= industrial	

Santillana del Mar

Madrid

Sevilla

Frigiliana

1   Madrid es un pueblo pequeño y feo. ☐

2   Frigiliana es un pueblo tranquilo y bonito. ☐

3   Torremolinos es un pueblo bonito e industrial. ☐

4   Bilbao es una ciudad importante e industrial. ☐

5   Sevilla es una ciudad turística, bonita y grande. ☐

6   Santillana del Mar es un pueblo histórico y feo. ☐

2 Corrige las frases falsas.

_____

_____

_____

3 Descifra las palabras y copia la descripción.

Vivo en Barcelona, una ciudad **sthriócai** y **rndgae**. Mis abuelos
viven en un pueblo en las afueras. Su pueblo es **otbino** y **rqniltuao**.
Mi hermana mayor vive en un pueblo **ueñpqeo** y **odomren**. Mis tíos
viven en Bilbao. Les gusta vivir allí porque es una ciudad **moitaprtne**
e **urtidsnali**. Mi hermano vive en Benidorm. No le gusta porque es una
ciudad **ucitstría** y bastante **efa**.   Mateo

Vivo en Barcelona, una ciudad histórica y ... _____

_____

_____

¡Mira! © Pearson Education Limited 2008

2 ¿Qué hay? pages 98–99

1 Completa el crucigrama.

Across/down grid with spine spelling: e s t a c i ó n d e t r e n e s

2 ¡Rompecabezas! Lee la información turística y contesta a las preguntas.

There are some new words in the text. What clues and strategies can you use to work them out?

Bienvenidos a Santillana del Mar
Pueblo histórico, antiguo y bonito.
Para los adultos hay monumentos históricos, una catedral del siglo 12 y restaurantes de comida deliciosa y típica de la región.
Para los niños hay un parque y una piscina al aire libre (abierta mayo-septiembre).
¿Un poco de cultura?
Visita el Museo de la Inquisición y la Tortura.

Visita también las pinturas prehistóricas en las Cuevas de Altamira.
Santillana del Mar, unas vacaciones maravillosas. Hay algo para toda la familia.

1 What sort of text do you think this is and where might you see it?
_____

2 a Look at when the pool is open. What do you think al aire libre means?
_____

b What is the theme of the museum? _____

c What do you think you might see in the Caves of Altamira?
_____

3 ¿Quieres ir al cine? pages 100–101

1 Escribe la frase correcta.

Remember:
a + el = al
a + la = a la

Gramática

querer	=	to want
quiero	=	I want
quieres	=	you want (singular)
quiere	=	he / she wants
queremos	=	we want
queréis	=	you want (plural)
quieren	=	they want

1 you (sing.) ¿Quieres ir al museo?

2 we _____

3 he _____

4 I _____

5 they _____

6 you (pl.) _____

2 Escribe las frases y las palabras en el orden correcto. *Write the sentences and the words in the correct order.*

a ¿Cuándo?

b ¿cine Quieres al ir?

c viernes El.

d tarde las A de siete la.

e bien Está.

f ¿hora A qué?

1 ¿Quieres ir al cine?

2 _____

3 _____

4 _____

5 _____

6 _____

3 Escribe una conversación parecida.

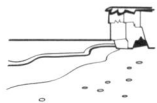

l	m	m	j	v	s	d

_____

_____

_____

_____

_____

1 Mira el mapa y los símbolos. Completa el texto.

Hace	buen tiempo
	mal tiempo
	calor
	frío
	viento
	sol
Hay	tormenta
	niebla
Llueve	
Nieva	

Aquí está el pronóstico para España. En la capital y en la región madrileña
_____. En Zaragoza _____.

_____ en los Pirineos, pero en la Sierra Nevada _____.
Es un día perfecto para hacer esquí. Por otra parte, si quieres ir a la playa la solución
es Granada. En el Sur del país _____ y _____. El tiempo
en Bilbao es normal para esta estación del año, _____. Y como siempre, en Ávila
_____.

2 Escribe un párrafo.

Write a paragraph saying what you do for each of the weather symbols from above.

Voy al	centro comercial
	castillo
	parque
	cine
Voy a la	playa
	piscina
Hago esquí	
Escucho música	
Juego con mi ordenador	

Ejemplo: <u>Cuando hace sol, voy a la playa o a la piscina, porque me gusta…. Pero cuando…..</u>

Don't forget to make your work more interesting by using *connectives*, saying where you do things, why and with whom:
y – and
o – or
pero – but
cuando – when
si – if
porque – because

¡Mira! © *Pearson Education Limited 2008*

1 Lee la entrevista con Mariluz y contesta a las preguntas.

Vivo en Bilbao, una ciudad grande, importante e industrial en el Norte de España.

Es muy moderna y tiene un museo de arte moderno muy interesante. También hay unos centros comerciales donde me gusta ir de compras, hay cines y un polideportivo.

Soy una persona muy activa y hago muchos deportes. Los lunes y los jueves voy al polideportivo porque tengo clase de aerobic y los fines de semana juego al baloncesto en el estadio. Cuando llueve voy al cine con mis amigas. Me gusta porque el cine es divertido.

Bilbao está en la costa, así que cuando hace calor y sol voy a la playa con mi hermana o a veces voy a la piscina. Este verano vamos a ir de vacaciones a Francia. Quiero ver la Torre Eiffel. En el invierno llueve bastante en Bilbao y hace frío. Cuando nieva hago esquí en los Pirineos. Mis abuelos viven allí en una casa grande.

Este fin de semana voy a jugar al voleibol, hay un torneo en el estadio. El domingo mi familia y yo vamos a ir a un restaurante porque es el cumpleaños de mi madre.

1 ¿Cómo es la ciudad donde vive Mariluz?

Es una ciudad _____

2 ¿Qué hay en su ciudad?   Su = his/her

Hay _____

3 ¿Por qué va al polideportivo los lunes y los jueves?

Porque tiene _____

4 ¿Qué hace cuando llueve?

Cuando llueve va _____

5 ¿Le gusta ir al cine? ¿Por qué?

_____

6 ¿Cuándo va a la playa?

_____

7 ¿Qué hace cuando nieva?

_____

8 ¿A dónde van a ir por el cumpleaños de su madre?

Van _____

2 Lee el texto del ejercicio 1 otra vez. Decide si las actividades están en el presente o el futuro. *Read the text in exercise 1 again. Decide if the activities are in the present or the future.*

	presente	futuro		presente	futuro

¡Mira! © *Pearson Education Limited 2008*

Prepárate page 106

1 Añade las letras (a,e,i,o,u,á,é,í) para completar la conversación.
Decide el orden de las frases y copia la conversación.

a ¿_ q_ _ h_r_?

b D_ _c_ _ rd_.

c _l d_ m _ ng_.

d ¿Quieres ir al cine?

e _ l_s _ch_ m_n _ s c_art_.

f S_. ¿C_ _ n d_?

1 _d_ **2** ____ **3** ____ **4** ____ **5** ____ **6** ____

Escribe una nueva conversación.

Lo siento, no puedo = *I'm sorry, I can't*

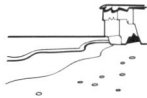

l m m j v s d

_____
_____
_____
_____
_____

2 ¡Rompecabezas! Copia el mensaje pero cambia los verbos subrayados al futuro. *Copy the message but change the underlined verbs to the near future.*

Gramática

To form the near future and to say what you are going to do remember to use the correct form of **ir** (to go) + **a** + **an infinitive**

¡Hola!
Aquí estoy de vacaciones. Todos los días juego al fútbol. Por las tardes hago natación y después escucho música. Si llueve veo la televisión o leo un libro y si hace calor voy a la playa. El fin de semana voy al cine y luego como en un restaurante con mi familia.
Hasta pronto,
Alejandro

¡Hola! La semana que viene voy a estar de vacaciones. Todos los días voy a...
_____
_____
_____
_____

Mi ciudad / **My town**

Vivo en …	I live in …
un pueblo	a village
una ciudad	a city
¿Cómo es tu pueblo?	What's your village like?
Es un poco/muy …	It's a bit/very …
bonito	pretty
feo	ugly
histórico	historic
moderno	modern
pequeño	small
tranquilo	peaceful
turístico	appealing to tourists
industrial	industrial
importante	important
grande	big
¿Cómo es tu ciudad?	What's your town like?
Es un poco/muy …	It's a bit/very …
bonita	pretty
fea	ugly
histórica	historic
moderna	modern
pequeña	small
tranquila	peaceful
turística	appealing to tourists
industrial	industrial
importante	important
grande	big
Es la capital de …	It's the capital of …

En la ciudad / **In town**

¿Qué hay en la ciudad?	What is there in town?
Hay …	There is/are …
No hay …	There isn't/aren't …
un castillo	a castle
un centro comercial	a shopping centre
un cine	a cinema
un estadio	a stadium
un hospital	a hospital
un mercado	a market
un museo	a museum
un parque	a park
un polideportivo	a sports centre
una estación de autobuses	a bus station
una estación de trenes	a train station
una piscina	a swimming pool
una playa	a beach
una plaza	a square
una plaza de toros	a bullring
una tienda	a shop
unos/muchos museos	some/many museums
unas/muchas tiendas	some/many shops
Me gusta … porque …	I like … because …

Invitaciones / **Invitations**

¿Quieres ir … ?	Do you want to go … ?
Quiero ir …	I want to go …
al castillo	to the castle
al centro comercial	to the shopping centre
al cine	to the cinema
al estadio	to the stadium
al mercado	to the market
al museo	to the museum
al parque	to the park
al polideportivo	to the sports centre
a la piscina	to the swimming pool
a la playa	to the beach
a la plaza de toros	to the bullring

Invitaciones	*Invitations (continued)*
¿Cuándo?	*When?*
el lunes	*on Monday*
el martes	*on Tuesday*
el miércoles	*on Wednesday*
el jueves	*on Thursday*
el viernes	*on Friday*
el sábado	*on Saturday*
el domingo	*on Sunday*
¿A qué hora?	*At what time?*
a las diez de la mañana	*at ten in the morning*
De acuerdo.	*OK.*
Está bien.	*Fine.*
Bueno.	*Good.*
Vale.	*OK.*
Lo siento, no puedo.	*I'm sorry, I can't.*

El tiempo	*Weather*
¿Qué tiempo hace (en Madrid)?	*What's the weather like (in Madrid)?*
Hace buen tiempo.	*It's nice.*
Hace mal tiempo.	*It's bad.*
Hace calor.	*It's hot.*
Hace frío.	*It's cold.*
Hace sol.	*It's sunny.*
Hace viento.	*It's windy.*
Hay niebla.	*It's foggy.*
Hay tormenta.	*It's stormy.*
Llueve.	*It's raining.*
Nieva.	*It's snowing.*
Cuando llueve, voy al cine.	*When it rains, I go to the cinema.*
Cuando hace sol, voy a la playa.	*When it's sunny, I go to the beach.*

Las estaciones	*The seasons*
en primavera	*in spring*
en verano	*in summer*
en otoño	*in autumn*
en invierno	*in winter*

¿Cuándo?	*When?*
normalmente	*normally*
ahora	*now*
los fines de semana	*every weekend*
mañana	*tomorrow*
este fin de semana	*this weekend*
en las vacaciones	*in the holidays*

Palabras muy útiles	*Very useful words*
aquí	*here*
cuando	*when*
pero	*but*

Estrategia

Unfamiliar words

How can you find the meaning of a word you don't know?

1 Look at the *Palabras* at the end of each chapter;
2 Look in the *Vocabulario* at the back of the book;
3 Use a dictionary.

You can also work out meanings

4 by using picture clues;
5 by looking at the context;
6 by thinking of a cognate or near-cognate;
7 by working out what type of word it is: adjective, verb, noun …

• Find out the meaning of the words in bold.

En mi pueblo hay un **mercado**.

No hay un **polideportivo**.

Hay muchas tiendas en la **plaza**.
Cuando hace sol, voy a la **playa**.

• Which of the seven strategies above did you use?

Evaluación de fin de curso

1 Look back through your workbook to see which level you had reached at the end of each module (Module 1, Module 2, etc.).

2 Write down the level you had reached for each Attainment Target (Listening, Speaking, Reading, Writing).

3 Then fill in your level for Module 6 – the end of the book!

You now have a record of your progress in Spanish throughout the whole year.

Escuchar

1 ¡Vamos!   Level _____

2 En el instituto   Level _____

3 Mi familia   Level _____

4 En casa   Level _____

5 El tiempo libre   Level _____

6 En la ciudad   Level _____

¡Hola!

Hablar

1 ¡Vamos!   Level _____

2 En el instituto   Level _____

3 Mi familia   Level _____

4 En casa   Level _____

5 El tiempo libre   Level _____

6 En la ciudad   Level _____

Leer

1 ¡Vamos!   Level _____

2 En el instituto   Level _____

3 Mi familia   Level _____

4 En casa   Level _____

5 El tiempo libre   Level _____

6 En la ciudad   Level _____

Escribir

1 ¡Vamos!   Level _____

2 En el instituto   Level _____

3 Mi familia   Level _____

4 En casa   Level _____

5 El tiempo libre   Level _____

6 En la ciudad   Level _____

National Curriculum Levels

cuaderno B

Attainment Target 1:

Listening

Level 1	I can understand some simple, short phrases.
Level 2	I can understand a variety of short commands, statements and questions.
Level 3	I can understand short spoken passages and pick out the main points.
Level 4	I can understand longer spoken passages and pick out the main points and some of the detail.
Level 5	I can understand spoken passages containing words and phrases from different topics. I can recognise if people are speaking about the future **OR** the past as well as the present. I can recognise if they are giving opinions.

Attainment Target 2:

Speaking

¡Hola!

Level 1	I can say single words or short phrases.
Level 2	I can say a variety of short phrases.
Level 3	I can take part in simple conversations. I can ask and reply to questions.
Level 4	I can take part in more involved conversations. I can produce longer sentences using connectives and qualifiers. I can change phrases that I already know to say something new. I can give my own opinions.
Level 5	I can give short talks, in which I my opinions. I can take part in conversations giving information, opinions and reasons. I can speak about the future **OR** the past as well as the present.

¡Mira! © Pearson Education Limited 2008

Attainment Target 3:

Reading

Level 1	I can understand single everyday words.
Level 2	I can understand short phrases. I can use a vocabulary list or dictionary to check meanings.
Level 3	I can understand short written texts and pick out the main points.
Level 4	I can understand the main points of short written texts and some of the detail. Sometimes I can work out the meaning of new words from what I already know.
Level 5	I can understand longer texts containing words and phrases from different topics. I can recognise if the texts are about the future **OR** the past as well as the present.

Attainment Target 4:

Writing

Level 1	I can copy single words correctly.
Level 2	I can copy short phrases correctly or write single words from memory.
Level 3	I can write short phrases from memory. I can write short sentences with help.
Level 4	I can write short texts from memory. I can change phrases I already know to say something new.
Level 5	I can write short texts giving information and opinions. I can write about the future **OR** the past as well as the present.

Heinemann is an imprint of Pearson Education Limited, a company
incorporated in England and Wales, having its registered office at Edinburgh
Gate, Harlow, Essex,
CM20 2JE. Registered company number: 872828

www.heinemann.co.uk
Heinemann is a registered trademark of Pearson Education Limited

Text © Pearson Education Limited 2008

First published 2008

19
16

British Library Cataloguing in Publication Data is available from the British
Library on request.

ISBN 978 0 435 39496 7 (Single copy)
ISBN 978 0 435 39581 0 (Pack of 8)

Edited by Kerstin Bowsher
Designed and typeset by Ken Vail Graphic Design, Cambridge
Original illustrations © Pearson Education Limited 2008
Illustrated by Chantal Kees, Ken Laidlaw, Sylvie Poggio Artists Agency (Tim
Davies, Mark Ruffle)
Printed in Great Britain by Ashford Colour Press, Gosport, Hampshire

Acknowledgements
We would like to thank Clive Bell, Iñaki Alegre and Gillian Eades for their
invaluable help in the development and trialling of this course.

Every effort has been made to contact copyright holders of material reproduced
in this book. Any omissions will be rectified in subsequent printings if notice is
given to the publishers.

To find out more about
Heinemann products, plus
free supporting resources, visit

www.heinemann.co.uk
01865 888080

ISBN 978-0-435-39496-7

9 780435 394967

Heinemann